일러두기
- 6등성보다 밝은 별은 약 8,600개. 그중에서 지평선 위에 모습을 드러내는 것은 절반에 해당하는 4,300개 정도입니다. 실제로 지평선 가까이에서는 대기의 영향으로 보기 어려워, 사람의 눈으로 볼 수 있는 별의 숫자는 약 3,000개 정도라고 합니다.
- '별까지의 거리'에서 1광년 동안 나아가는 거리에 대해, KTX는 시속 300km, 로켓은 초속 11.2km(지구중력 탈출속도)를 이용하여 계산하였습니다.
- 별의 밝기에 대해 최근에는 베가를 0등성으로 두고 보다 세밀하게 밝기를 재지만, 이 책에서는 일반적으로 1등성으로 알려진 전 하늘의 21개 별을 말합니다.
- 별자리 신화는 전하는 이야기마다 조금씩 달라, 이야기의 구성이나 등장하는 인물의 이름이 다를 수도 있습니다.
- '별의 일생'에서 게성운은 항성의 초신성폭발 후에 붙여진 이름입니다. 초신성이 지상에서 목격된 것은 1054년의 일로, 초신성폭발에 대한 기록은 일본의 〈명월기〉에 쓰여 있습니다.
- 이 책에 나오는 거리, 밝기, 시간에 관한 숫자는 어린이를 위하여 대략의 값으로 나타냈습니다.
- 별자리 이름은 한국천문학회에서 펴낸 〈천문학용어집〉을 따랐습니다.

참고자료
〈과학연표〉, 〈그림으로 보는 별자리도감〉, 〈지식 0에서 시작하는 우주입문〉, 〈4계절 별자리도감〉, 〈별자리의 불가사의 136〉, 〈쉽게 알 수 있는 우리은하계〉, 〈천문학용어집〉(한국천문학회 발간).

MY FIRST STAR PICTURE BOOK

Original Japanese title: Hajimete no Hoshizora Ehon
Originally published in Japanese by PIE International in 2011

PIE International
2-32-4 Minami-Otsuka, Toshima-ku, Tokyo 170-0005 JAPAN

ⓒ 2011 akemi tezuka / hiroko murata / PIE International / PIE BOOKS

This Korean edition arranged through Shinwon Agency Co.
All rights reserved. No part of this publication may be reproduced in any form or by any means, graphic, electronic or mechanical, including photocopying and recording by an information storage and retrieval system, without permission in writing from the publisher.
이 책은 신원에이전시를 통한 저작권자와의 독점계약으로 다산기획에서 출간되었습니다.
저작권법에 의해 한국 내에서 보호를 받는 저작물이므로 무단전재와 복제를 금합니다.

반갑다!

나의 첫
별자리 책

무라타 히로코 글
테즈카 아케미 그림
정현수 옮김

다산기획

창밖을 내다봐, 별들이 보이니?

몇 개나 보여?

우리 눈에 보이는 별들은 아주 조금.
실제로는 밤하늘을 가득 채워 버릴 정도로
많은 별이 빛나고 있단다.

우리 눈으로 볼 수 있는 별은
약 **3,000**개야.

도시에는 불빛이 많아서
밤하늘이 무척 밝아.
그래서 보이지 않는 별들이 많단다.

지구가 둥글다든지, 태양 주변을 돈다든지
그런 사실을 알기 훨씬 전부터 말야.

5,000년 전에 살던 옛사람들은
밤하늘의 별들을 보고 여러 모양을 그려 보았어.
그게 바로 **별자리**야.

별자리는 모두 **88**개. 전 세계에서 공통으로 사용해.
지금부터 별자리를 찾아보면서 별에 대해 알아볼까?

북쪽 하늘을 봐!

어떤 계절에도
북극성은 북쪽 하늘
같은 자리에 늘 있어.
그러니까 동서남북
방향을 알려 주는
표시판이 된단다.

옛사람들은 여기 있는 별 7개를
선으로 연결하여 숟가락 모양이나
국자 모양이라고 생각했어.
이 별들의 이름은 북두칠성.
북두칠성은 큰곰자리의 몸통과
꼬리 부분을 이루고 있지.

9월, 저녁 8시 무렵의 북쪽 하늘

북극성(폴라리스)

북두칠성과 카시오페이아자리
사이에 있는 것이 북극성이야.
북극성은 작은곰자리의 꼬리 끝에 있는 별로,
이름은 폴라리스란다.

이건 카시오페이아자리.
선으로 이어보면
영어의 W나 M 모양처럼
보이지?

밤하늘에서 언제나 같은 자리에 있는 별은 북극성뿐. 다른 별들은 계절과 시간에 따라 보이는 자리가 달라.

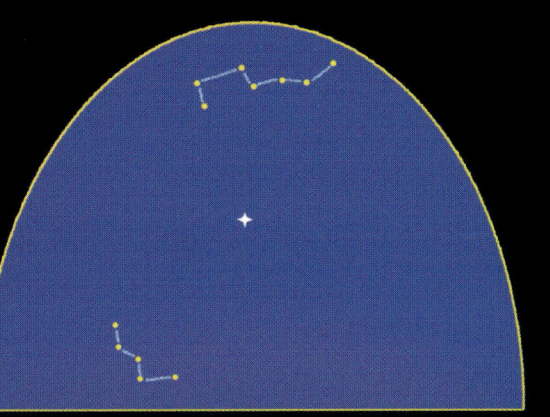

5월, 저녁 8시 무렵의 북쪽 하늘

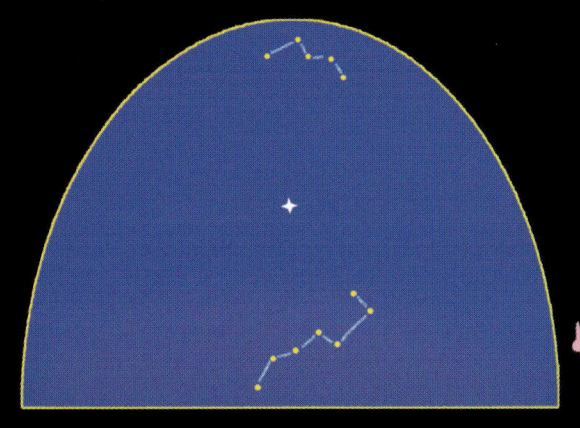

12월, 저녁 8시 무렵의 북쪽 하늘

별은 움직인다!

지구는 하루에 한 번,
한 바퀴를 돌아.
회전축을 북쪽으로 쭉 이었을 때
보이는 별이 바로 북극성이야.

북극성은 언제나
같은 자리에 있는 것처럼 보여.

북극성

지구 어디에 있어도
북극성이 보이는 쪽이 북쪽.

지금의 북극성은 언젠가 다른 별로 바뀌게 돼!

팽이가 돌아갈 때처럼
지구가 돌아가는 축도
조금씩 바뀌고 있어.
대략 2만 6,000년 정도 지나면
원래 자리로 되돌아오지.
이런 흔들림 때문에
지금의 북극성 자리를
다른 별이 차지할 때가 올 거야.

우리나라에서 보이는 별들의 움직임

북쪽 하늘에서는 북극성을 중심으로 시곗바늘이 도는 반대 방향으로 별들이 움직인단다.

동쪽에서 떠서 남쪽 하늘의 높은 곳으로 올라간 다음, 서쪽으로 저물어 가는 모습으로 움직인단다.

별의 밝기에 따라 색깔이 달라!

1등성은 6등성 100개의 밝기.

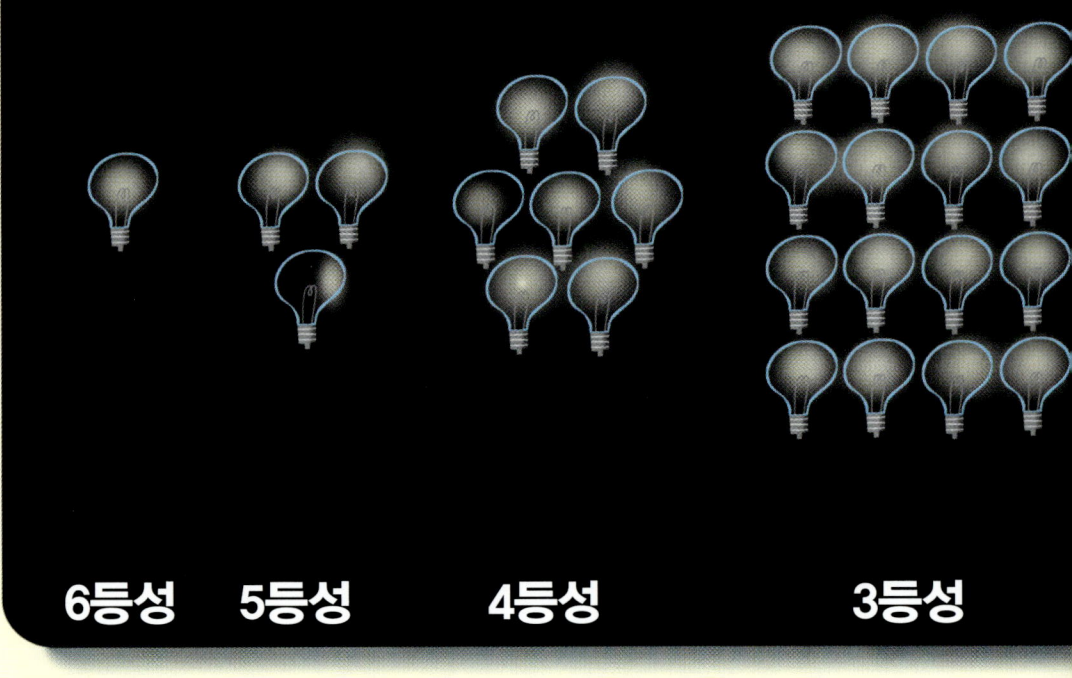

6등성   5등성   4등성   3등성

별 색깔은 별 표면 온도가 높으면 청백색, 낮으면 붉은색.

베텔지우스 (오리온자리 별) 섭씨 3,500도

알데바란 (황소자리 별) 섭씨 4,500도

태양 섭씨 6,000도

별의 밝기는 지구에서 별까지의 거리와 별이 내는 에너지의 크기로 정해진단다.

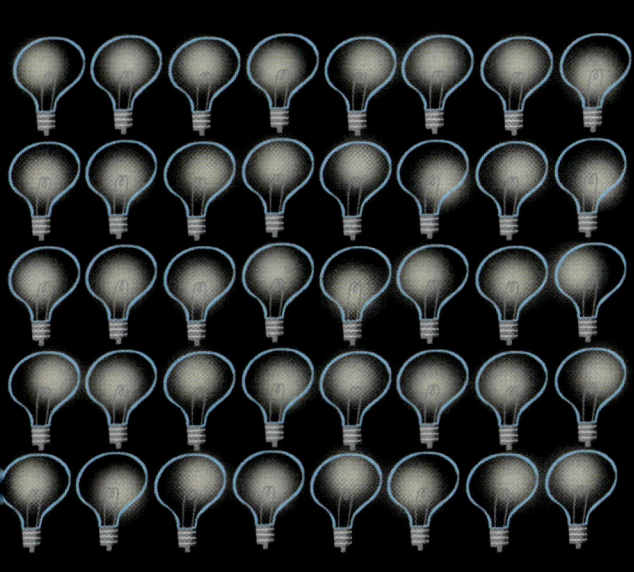

2등성

1등성

프로키온
(작은개자리 별)

섭씨 **7,000도**

베가
(거문고자리 별)

섭씨 **9,500도**

리겔
(오리온자리 별)

섭씨 **12,000도**

별까지의 거리

우주는 무척 넓어서
보통 자로는 잴 수가 없어.
그래서 별까지의 거리는
빛이 달려가는 시간으로 나타내.

1초에

빛은 겨우 1초에
지구를 일곱 바퀴 반이나 돌아!

7바퀴 반

가까운 이웃처럼 보이는 별들도
실제로는 제각기 멀리 떨어져 있어.

작은곰자리에 있는
북극성(폴라리스)이
보이는 곳.

빛이 1년 동안 나아가는 거리 = 1광년

1광년은 KTX열차로 무려 360만 년 동안 쉬지 않고 달린 거리야.

1광년은 로켓으로 2만 7,000년을 쉬지 않고 날아간 거리야.

진짜 북극성은 여기에 있어.

430 광년
빛이 도착하려면 430년이 걸리지. 지금 우리가 보는 북극성은 430년 전에 출발한 빛이야.

4 광년

지구와 가장 가까운 별
밤하늘에서 빛나는 별들 가운데 우리와 가장 가까운 별 프록시마별.

130억 광년

가장 멀리 있는 별
하와이천문대에 있는 스바루망원경으로 발견한 은하야.

계절에 따라 보이는 별이 달라!

지구는 태양 주위를 1년 동안 한 바퀴 돌아.
그래서 지구와 태양의 위치에 따라 보이는 별이 다른 거란다.

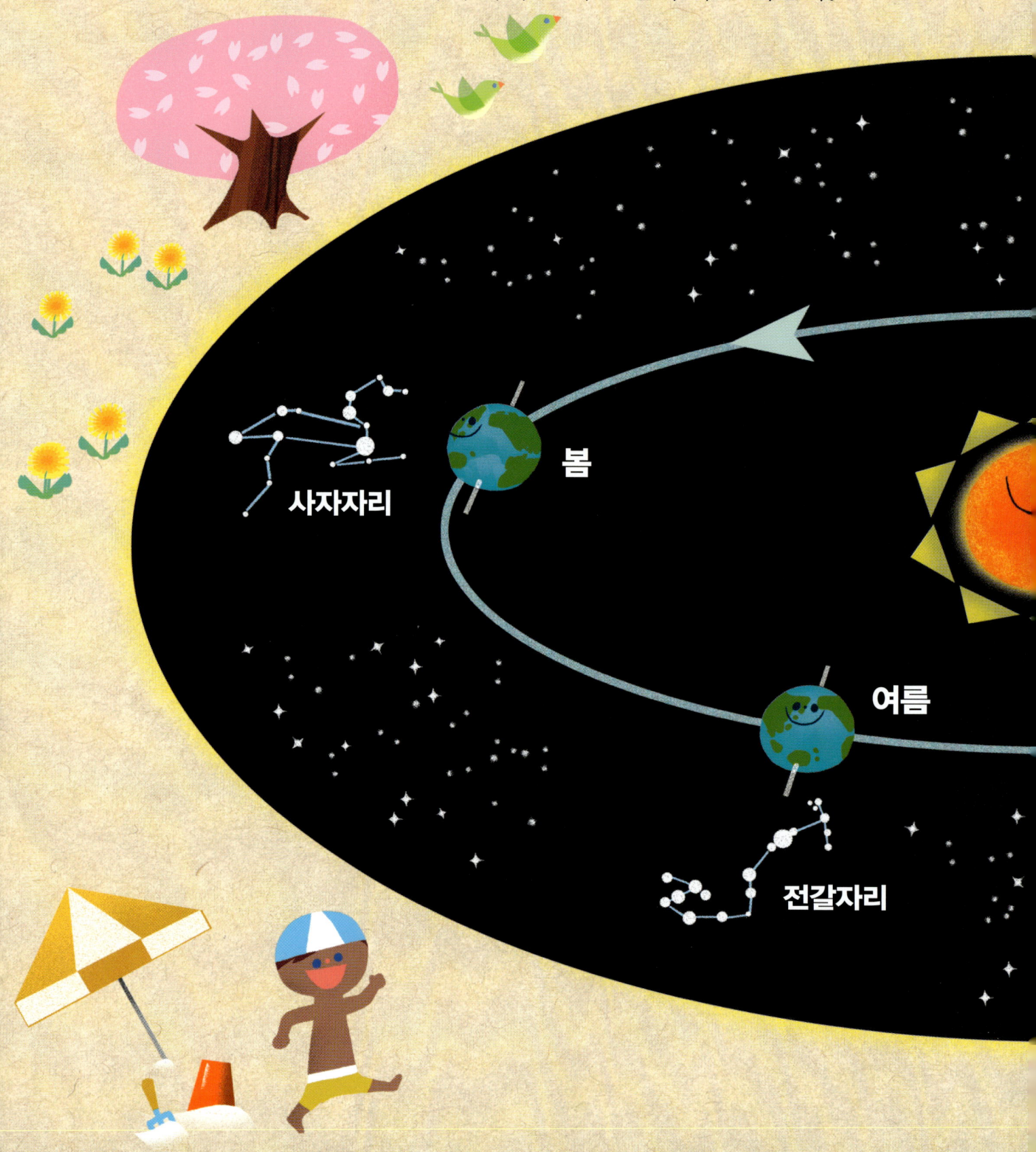

봄철 밤하늘

북쪽 하늘을 쳐다보면서 7개의 별이 모인 북두칠성을 찾아봐.
국자의 손잡이 부분을 따라 남쪽으로 쭉 이어가면 오렌지색의
밝은 별이 있어. 이 별이 목동자리의 아르크투루스.
거기서 좀 더 앞으로 이어나가면 청백색으로 밝게 빛나는 별이
처녀자리의 스피카란다.

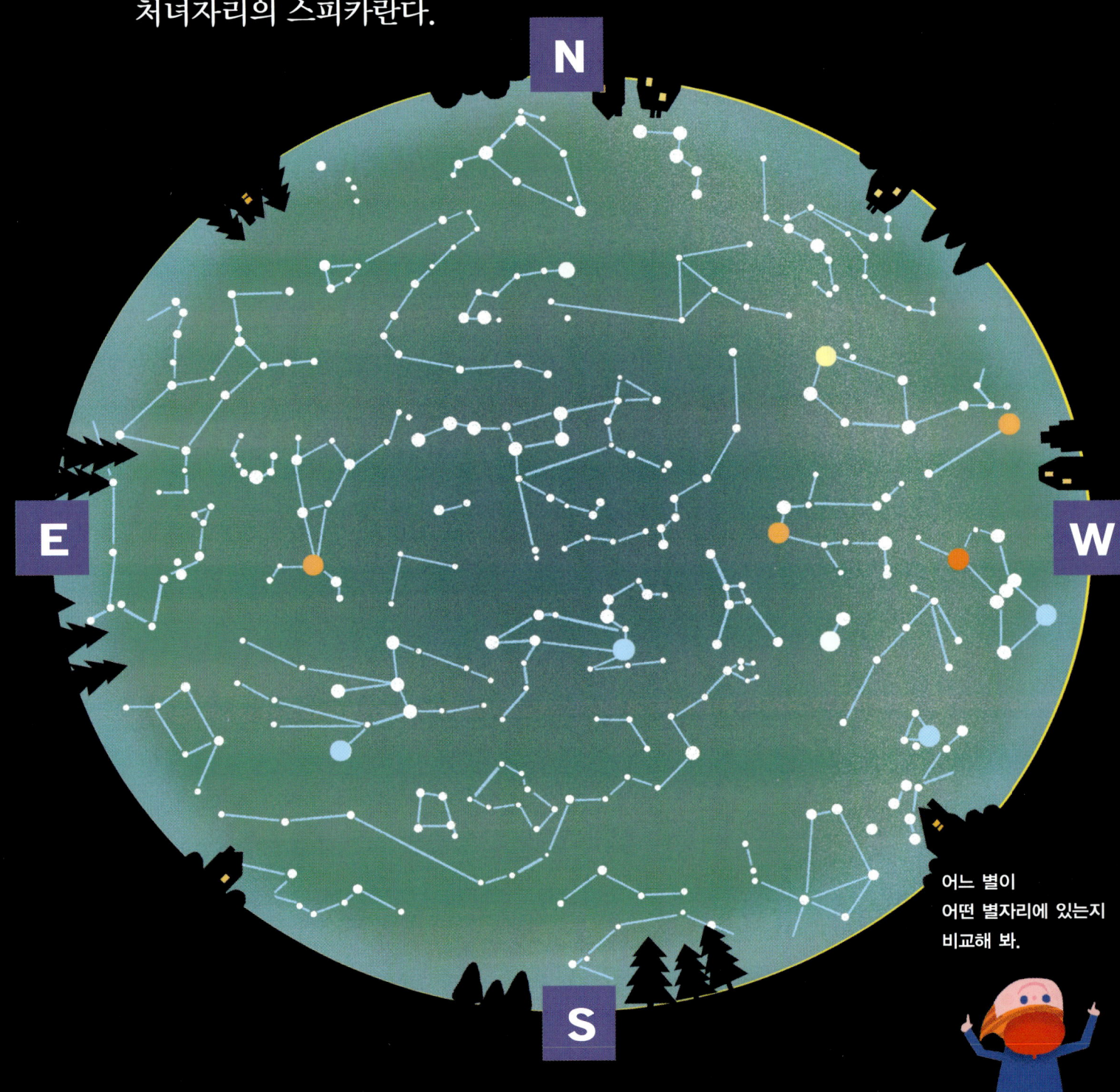

어느 별이
어떤 별자리에 있는지
비교해 봐.

3월 밤 11시 무렵
4월 밤 9시 무렵
5월 저녁 7시 무렵

국자 모양의 북두칠성 국자 끝에서 시작해서 아르크투루스, 스피카와 같은 밝은 별을 이어 봐. 그러면 커다란 곡선이 만들어지는데, 이것을 '봄의 대곡선'이라고 하지. 봄의 별자리를 볼 때 좋은 길잡이가 돼.

봄하늘 별자리들

큰곰자리와 작은곰자리는 북쪽 하늘에서 1년 내내 볼 수 있지. 봄에는 하늘 높은 곳에 나타나기 때문에 찾기가 쉽단다.

목동자리

작은곰자리

알코르 미자르

큰곰자리

아르크투루스(37광년)

오렌지색의 밝은 별은 아르크투루스. 그리스어로 '곰을 따라가는 사람'이라는 뜻이야.

처녀자리

그리스신화의 이야기로 대지의 여신이나 정의의 여신을 상징하는 처녀자리. 손에는 보리 이삭을 들고 있어. 처녀자리 근처에는 정의의 저울인 천칭자리가 있어.

스피카(250광년)

스피카는 지구에서 멀리 떨어진 곳에 있지만 무척 밝게 빛나는 별이란다. 많은 에너지를 뿜어 내고 있지.

봄하늘 1등성
- 아르크투루스
- 스피카
- 레굴루스

큰곰자리의 미자르는 2등성이야. 그 바로 옆에는 4등성의 별 알코르가 있어. 눈이 좋은 사람은 이 두 별을 볼 수 있어서, 옛날에는 병사들의 시력 검사에도 사용되었다고 해.

게자리

등껍질 부분에서 희미하게 빛나는 것은 프레세페성단이야. 이 뿌연 빛이 별들이 모여 있는 성단이라는 것을 발견한 사람은 망원경을 발명한 갈릴레오 갈릴레이.

사자자리

레굴루스(79광년)

사자자리의 레굴루스는 지구가 태양 둘레를 도는 길과 겹치는 방향에 있는 별 중의 하나야.

바다뱀자리

별자리 가운데 가장 길어.

여름철 밤하늘

여름이 끝날 무렵에 나타나는 은하수는 매우 아름답게 보여.
은하수의 서쪽 하늘에서 밝게 빛나는 별은 거문고자리의 베가로,
칠석날 이야기의 직녀, 동쪽 독수리자리의 알타이르는 견우지.
백조자리는 은하수 한가운데에서 날개를 펼치고 나는 것처럼 보여.

여름하늘 별자리들

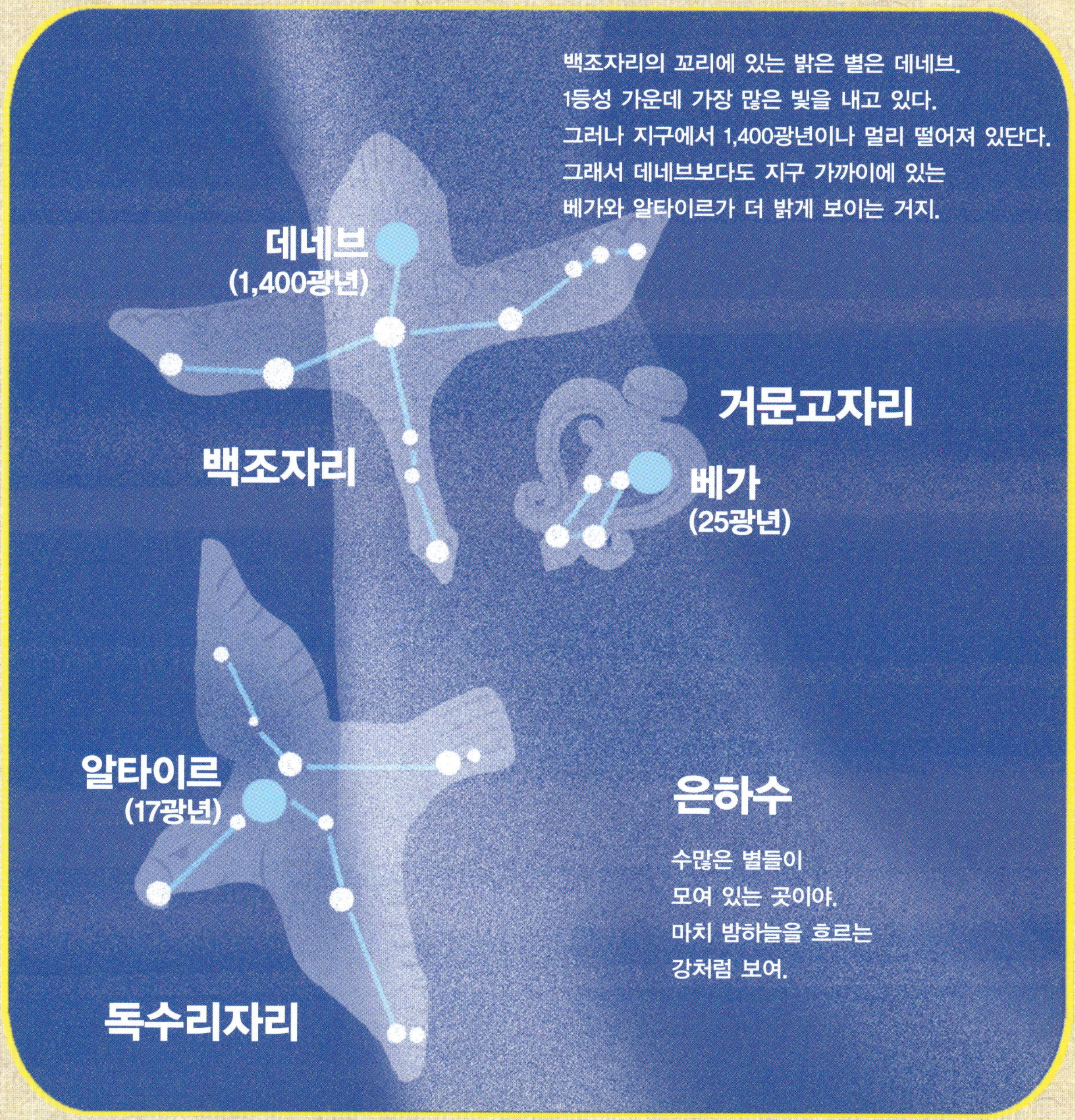

백조자리의 꼬리에 있는 밝은 별은 데네브.
1등성 가운데 가장 많은 빛을 내고 있다.
그러나 지구에서 1,400광년이나 멀리 떨어져 있단다.
그래서 데네브보다도 지구 가까이에 있는
베가와 알타이르가 더 밝게 보이는 거지.

데네브
(1,400광년)

백조자리

거문고자리

베가
(25광년)

알타이르
(17광년)

은하수

수많은 별들이
모여 있는 곳이야.
마치 밤하늘을 흐르는
강처럼 보여.

독수리자리

남두육성

궁수자리

은하수가 밝게 보이는 곳에서
궁수자리를 찾을 수 있어.
궁수자리에 있는 6개의 별을
연결해서 부르는 이름은 남두육성.
북두칠성과 비슷한 모습이지.
서양 사람들은 은하수를
하늘에 흐르는 우유로 비유해서
밀키 웨이라고 부른단다.
은하수 안에 보이는 남두육성 별들은
우유를 뜨는 숟가락과 비슷하다고 해서
밀크 디퍼라고 부른단다.

칠석날 이야기

아름다운 베를 짜는 직녀와 열심히 일하던 견우.
둘이 만나면 일은 하지 않고 놀기에만 바빴지.
그걸 보고 화가 난 옥황상제가 은하수를 뿌려서
둘 사이를 갈라놓았어.
만날 수 없게 된 둘은 매일 울고만 있었지.
옥황상제는 둘을 불쌍하게 여겼어.
그래서 1년에 한 번, 7월 7일에 은하수에
다리를 놓아서 만날 수 있게 해주었대.
직녀는 거문고자리의 베가별.
견우는 독수리자리의 알타이르별.

이렇게 보여도
저는
의사랍니다.

양팔을 벌리고
한쪽 무릎을 꿇은 모습의 허큘리스자리.
무릎의 위치에는 북쪽 하늘에서
가장 밝은 M13성단이 있어.
쌍안경으로도 볼 수 있단다.

뱀주인자리

M13 **허큘리스자리**

안타레스
(550광년)

전갈자리

밝게 빛나는 안타레스를
찾아보자.

여름은 은하수가 가장 밝게
보이는 계절이란다.

여름하늘 1등성
- 베가
- 알타이르
- 안타레스
- 데네브

가을철 밤하늘

가을의 밤하늘은 밝은 별이 적어서 좀 외로워. 남쪽 하늘 높은 곳에서 같은 밝기로 빛나는 4개의 별은 날개 달린 말 페가수스의 몸통 부분을 이루지. 남쪽 하늘 낮은 곳에서 빛나는 별은 남쪽물고기자리의 포말하우트. 가을 하늘에서 볼 수 있는 유일한 1등성이야.

9월 밤 11시 무렵
10월 밤 9시 무렵
11월 저녁 7시 무렵

밝은 별이 적은 가을 밤하늘에서 별자리 찾기의 길잡이가 되는 것은 페가수스자리의 몸통을 이루는 4개의 별이야.
이 별들을 이어서 생긴 모습을 '가을철 대사각형'이라고 부른단다.

가을하늘 별자리들

페가수스자리

미라

안드로메다자리

살려줘!

어, 큰일이야!

돌고래자리

알코르

카시오페이아
자리

케페우스자리

페르세우스
자리

그리스신화에서
케페우스자리는 에티오피아의 왕,
카시오페이아자리는 왕비야.
안드로메다자리는 두 공주.
하루는 카시오페이아 왕비가
안드로메다 공주는 바다의 요정보다 아름답다고
자랑했더니 바다의 신이 화를 냈다고 해.
그래서 화를 풀기 위해 안드로메다 공주는
괴물고래의 밥이 되어 버렸지.
이를 구해준 것은 페르세우스.

페르세우스가 손에 든 것은 괴물 메두사의 머리야.
메두사의 머리카락은 모두 뱀이야.
누구든 메두사의 눈과 마주치면
돌로 만들어 버리는
무서운 괴물이지.

메두사의 이마 근처에 있는
밝기가 변하는 별이 알코르.
옛사람들은 별의 밝기가 변하는 걸 보고
괴물에 비유했는지도 몰라.

몸의 절반만 물고기 모습인 염소자리.
염소의 신인 판은 아주 못생겨서 늘 외롭게 지냈어.
하지만 마음은 아름답고 따뜻했지.
판은 늘 피리를 불며 지냈는데,
신들이 잔치에서 판의 피리 소리를
청해 듣고 모두 감동했어.
하지만 거인족 티폰이 나타나 잔치를 망쳤지.
그때 판은 재치 있게 제우스를 도왔어.
제우스는 고마움의 뜻으로
판을 하늘의 별이 되게 했어.

염소자리

돌고래자리의 미라도
밝기가 변하는 별 중 하나.
대략 330일에 걸쳐
2등급별에서 10등급별까지
밝기가 변하지.

물고기자리

리본으로 이어놓은 물고기 두 마리.
괴물이 나타났을 때
여신과 아이가
물고기로 변해 강으로 뛰어들었지.
그때 서로 떨어지지 않기 위해
서로의 꼬리를 리본으로 묶었단다.

물병자리

가을철 별자리에는
물과 관련 있는
이야기들이 많아.

물병자리의 주둥이에서 흐르는 물을
마시는 것은 남쪽물고기자리.
남쪽물고기자리의 입 부근에서
청백색으로 빛나는 별이
가을의 외로운 별인
포말하우트란다.

포말하우트(25광년)

남쪽물고기자리

가을하늘 1등성
● 포말하우트

겨울철 밤하늘

오리온자리를 찾아봐. 별 4개를 이어주는 사각형 안에 별 3개가 늘어서 있어. 그중 가장 밝은 별이 리겔, 그 다음이 베텔지우스야. 그밖에도 큰개자리 시리우스, 작은개자리 프로키온, 황소자리 알데바란, 마차부자리 카펠라, 쌍둥이자리 폴룩스 등 겨울에는 밝은 별이 많아.

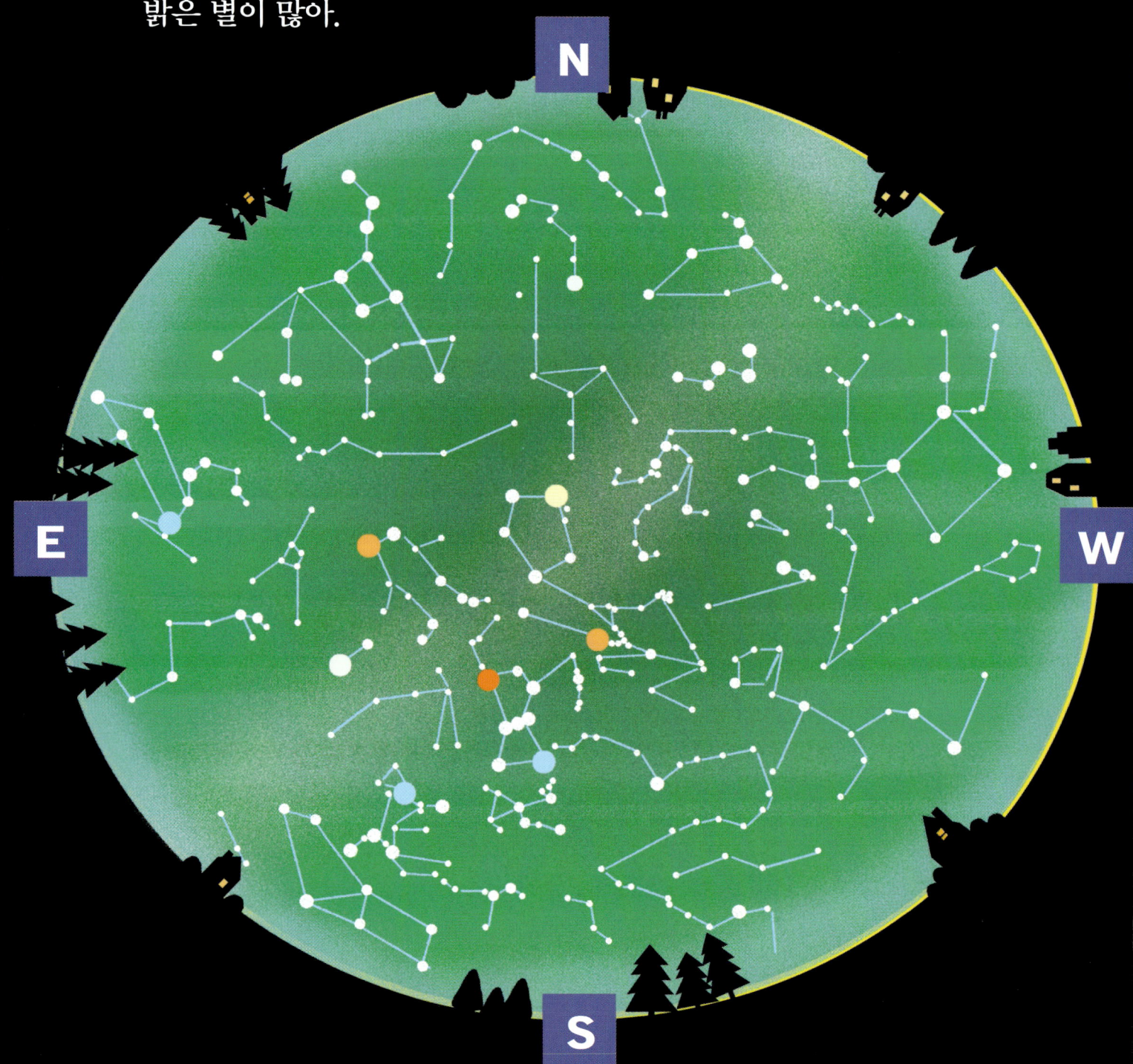

12월 밤 11시 무렵
1월 밤 9시 무렵
2월 저녁 7시 무렵

겨울하늘 별자리 찾기의 길잡이가 되는 것은 '겨울철 대삼각형'.
프로키온, 시리우스, 베텔지우스 세 별을 연결해봐.
은하수는 이 삼각형 안을 지나면서 흐르고 있단다.

겨울하늘 별자리들

오리온자리

베텔지우스
(500광년)

프로키온
(11광년)

작은개자리

큰개자리와 작은개자리는
오리온이 기르던 개였단다.
밝은 별은 희게 빛나는 프로키온.
오리온자리의 리겔과 베텔지우스를 보고
색깔이 어떻게 다른지 비교해 봐.

리겔(860광년)

하늘에서
가장 밝은 별이야.

시리우스(9광년)

붉은색의 베텔지우스와 청백색의 리겔,
1등성이 두 개나 있단다.
그 사이에 나란히 있는 별 3개는
오리온의 허리띠처럼 보이지.
별자리 전설에 따르면,
오리온은 전갈에 찔려서 죽었대.
그때의 전갈은 여름철 별자리.
그래서 두 번 다시 만나지 않게
오리온은 겨울철 별자리가 되었단다.

큰개자리

큰개의 코끝에서 빛나는 별이 시리우스.
밤하늘에서 가장 밝게 보이는 별이야.

오리온자리가
동쪽 하늘에 나타날 무렵,

폴룩스
(34광년)

카스토르

쌍둥이자리

카펠라 (43광년)

마차부자리

가장 눈에 띄는 별은 카펠라.
하늘 한가운데를 지나가기 때문에
밤새 볼 수 있어.
'마차부'란 마차를 모는 사람을 말해.

사이가 아주 좋은
쌍둥이 형제.
희게 빛나는 별은 형인 카스토르.
그보다도 좀 더 밝게
오렌지색으로 빛나는 별은
아우인 폴룩스란다.

플레이아데스 산개성단 (좀생이별)

알데바란
(67광년)

황소자리

오렌지색으로 빛나는
밝은 별은 알데바란.
황소의 어깨 부분에서 빛나는
청백색별들이 모인 곳은
플레이아데스 산개성단.
우리나라에서는
플레이아데스 산개성단을
좀생이별이라고 불렀단다.

전갈자리는
서쪽으로 저물어 가지.

겨울하늘 1등성
- 시리우스
- 카펠라
- 리겔
- 프로키온
- 베텔지우스
- 알데바란
- 폴룩스

베텔지우스는
가까운 미래에
폭발할지도
몰라요.

남반구의 별들

우리나라는 둥근 지구의 북쪽에 있지.
지구의 남쪽에서는 어떤 별들이 보일까?

남십자성

남십자자리라고도 부른단다.
이 별자리는 남쪽 방향의 길잡이로 삼아.
남극성이라고 부를 만한 적당한
별이 없기 때문이지.

남십자성은
우리나라에서는 볼 수 없어.
북위 33도 아래쪽에선,
5월경 남쪽 낮은 하늘에서
볼 수 있단다.
―북반구에서 본 별의 모습

용골자리

바다의 등대.
카노푸스는 시리우스 다음으로
밝은 별이란다. 노인성이라고도 부르지.
이 별을 보면 오래 산다는 옛말도 있을 정도야.
하지만 지평선 가까이에 있어서 보기 힘들단다.

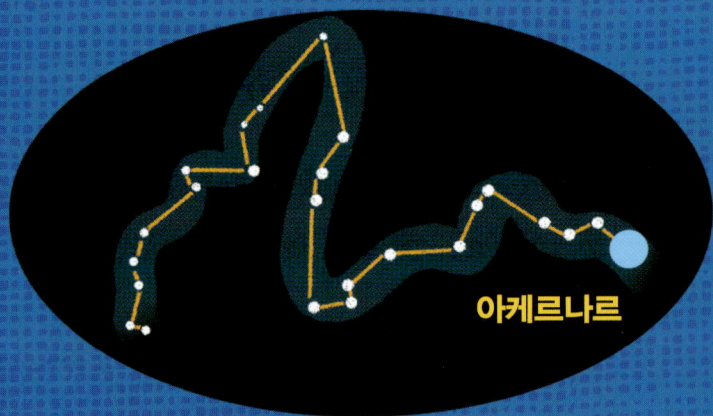

에리다누스자리

강을 나타내는 별자리야.
강이 끝나는 자리에 있는 밝은 별이
아케르나르이지.
5,000년 전에는 아케르나르가
남극성 같은 역할을 했단다.
우리나라에서는 이 별자리의
북쪽 일부만 보이고,
아케르나르는 볼 수 없어.

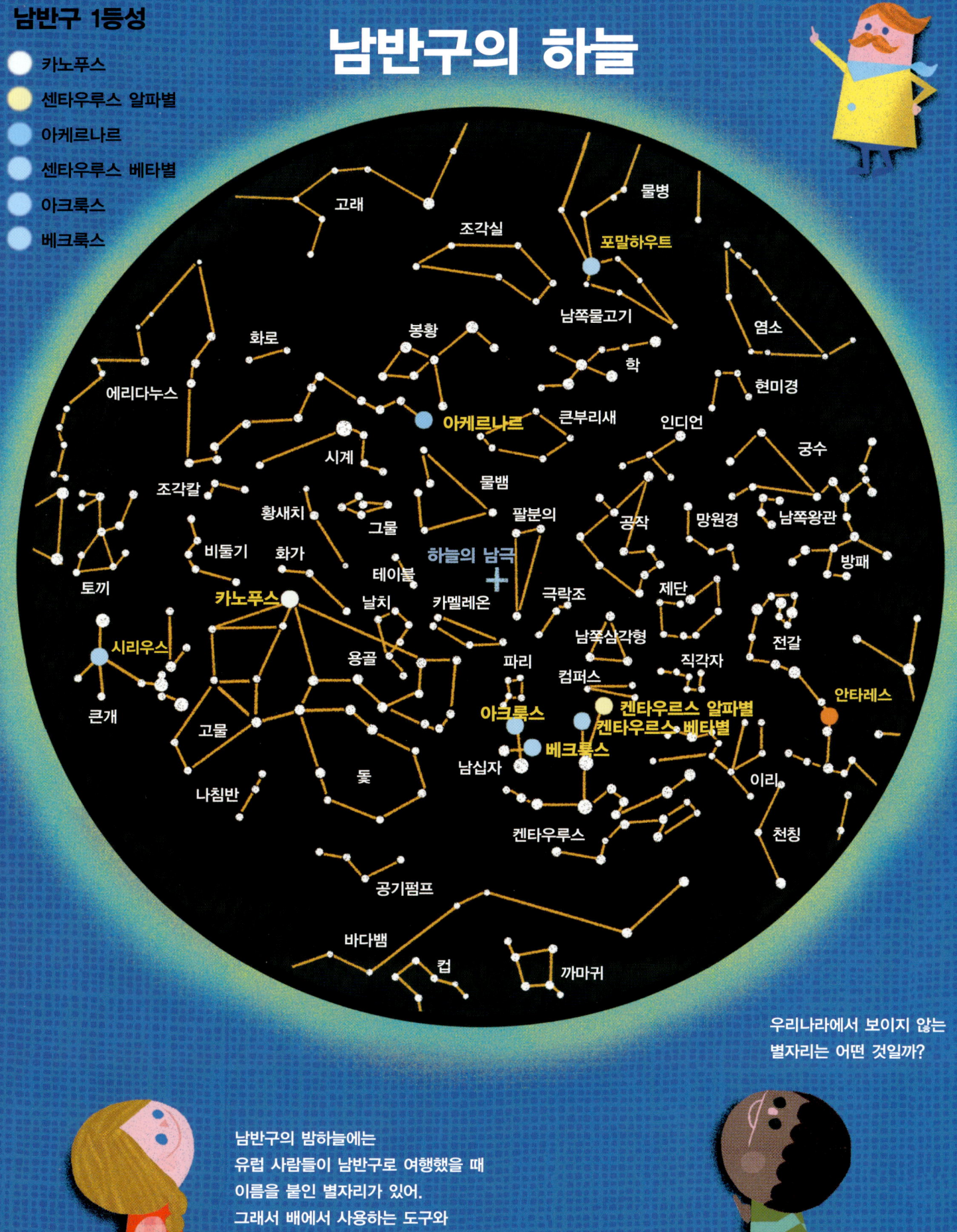

여러 가지 별들

별에는 스스로 빛을 내는 별도 있고,
다른 별의 빛을 받아 빛나는 행성도 있어.
우리 지구도 태양 빛을 받아서
빛나는 행성이야.

태양
지구에서 가장 가까운 별.
태양은 아주 밝은 빛으로 지구를 비춰.
그래서 한낮에 해가 떠 있는 동안에는
다른 별들을 볼 수 없단다.

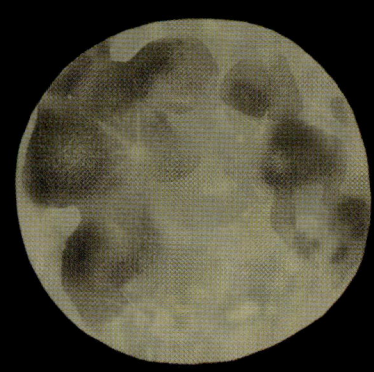

위성
행성 주변을 돌고 있는 별이 위성.
지구 주변을 돌고 있는 위성은
달뿐이야.

우주의 머나먼 곳에서 오는 별빛들은
지구의 대기권(공기층)을 통과할 때
온도와 공기 흐름의 영향을 받아서
흔들리기 때문에 반짝반짝 빛나는
것처럼 보이는 거란다.

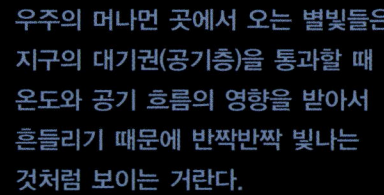

유성
우주 공간에 있는 물체들이
지구의 대기권으로 들어오면서
마찰열 때문에 타면서 빛을 내는 거지.

은하

수천억 개의 별이 모여 있는 곳.
우주에는 1,000억 개 이상의 은하가 있단다.

성운

가스와 먼지가 잔뜩 모여 있는 곳.
여기서 별이 태어난단다.

성단

수십만 개의 별이 모여 있는 곳.

행성

항성의 주변을 돌고 있는 별들.
지구도 태양 주변을 도는 행성 중 하나.

항성

스스로 빛을 내고 있는 별.
밤하늘에 빛나는 별 대부분은 항성이야.

혜성

가스와 먼지 덩어리야.
마치 더러워진 눈사람 같아.
태양에 가까워지거나 멀어지면서
돌고 있단다.

별자리에 속하지 않는 별

지구에서 가까운 행성이나 달은 훨씬 멀리 있는
별과는 달라서 각자가 있는 위치에 따라서
다른 모습을 보여준단다.

해왕성

지구보다 태양에 가까운 수성과 금성은
한밤중엔 볼 수 없어.
저녁 무렵 서쪽 하늘이나
해 뜰 녘 동쪽 하늘에서 볼 수 있지.
지구 곁에서 도는 금성은
태양과 달 다음으로
크고 밝은 빛을 낸단다.

태양

수성

토성

금성

지구 바깥쪽을 도는 행성들은
지구에게 추월당하는 경우도 있어.
그럴 때는 밤하늘에서 행성이 마치
뒤로 되돌아가는 것처럼 보이기도 해.

달
지구

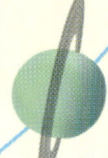

화성

목성

천왕성

행성은
태양 주위의
정해진 길을 따라 제각기
움직이고 있단다.

달

달은 지구의 주변을 도는 위성. 달도 태양 빛을 반사해서 빛나고 있어. 그림자가 진 부분은 지구에서 보이지 않고, 빛을 반사하는 부분만 보이지. 그래서 태양과 지구와 달의 위치에 따라서 보이는 모습이 바뀌게 된단다.

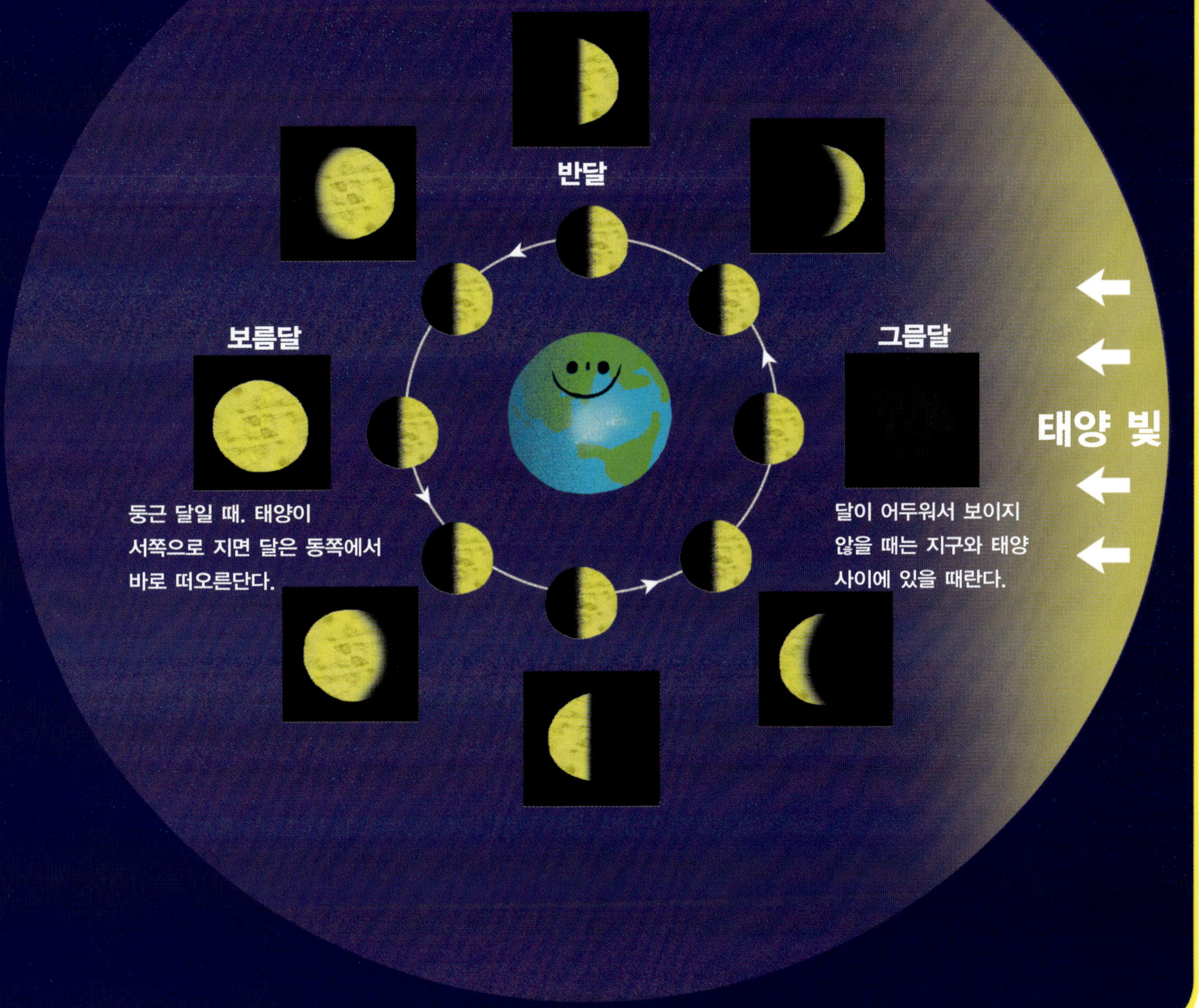

반달

보름달
둥근 달일 때. 태양이 서쪽으로 지면 달은 동쪽에서 바로 떠오른단다.

그믐달
달이 어두워서 보이지 않을 때는 지구와 태양 사이에 있을 때란다.

태양 빛

월식과 일식

월식을 볼 수 있는 곳

태양이 전부 가려지는 것을 볼 수 있는 곳

달 지구 달 태양

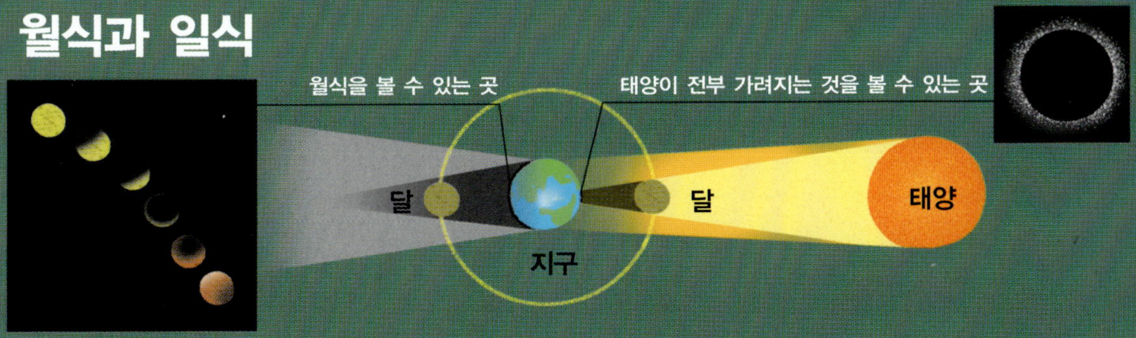

월식은 달-지구-태양 순서로 일직선으로 늘어섰을 때, 일식은 지구-달-태양 순서로 일직선으로 늘어섰을 때 볼 수 있어.

혜성과 유성

유성은 별이 아니야.
우주 공간에 있는 작은 돌덩어리들이
지구를 둘러싼 대기권으로 들어올 때
타면서 빛나는 거지.
그게 바로 유성의 정체란다.

혜성은 태양 주변을 도는
얼음과 먼지로 만들어진 커다란 덩어리들.
태양에 가까이 다가가면서 가스와 먼지로 만들어진
꼬리를 뿜어낸단다.

페르세우스자리 쪽에서
매년 8월 7일~15일쯤에 나타나는
페르세우스자리 유성우

혜성이 태양 가까이 지날 때
태양열 때문에 혜성 표면이 녹게 돼.
많은 조각들을 떨어뜨리고 지나간단다.
그 자리에 지구가 다가가게 되면
그 조각들이 유성이 되어 지구에 떨어지지.
이것을 유성우라고 부른단다.
혜성이 지나가면서 떨어뜨린 조각들은 서로 모여서 태양 주변을 돌고 있어.
그래서 한꺼번에 많은 유성을 볼 수 있는 날이 생긴다는 것, 이제 알겠지?

평소에도
은하수를 볼 수 있을 만큼
어두운 장소라면
1시간에 대략 10개 정도의
유성을 볼 수 있단다.

지구가 지나가는 길

사자자리 쪽에서
매년 11월 14일~19일쯤에 나타나는
사자자리 유성우

은하수

지구는 1,000억 개 이상의 별들이 모여 있는 우리은하 안에 있어.
은하수는 우리은하의 수많은 별들이 모여 있는 곳이야.
우주에는 또 다른 은하들도 많아. 지구가 있는 은하는
은하계 또는 우리은하라고 부른단다.

우리은하와 태양계

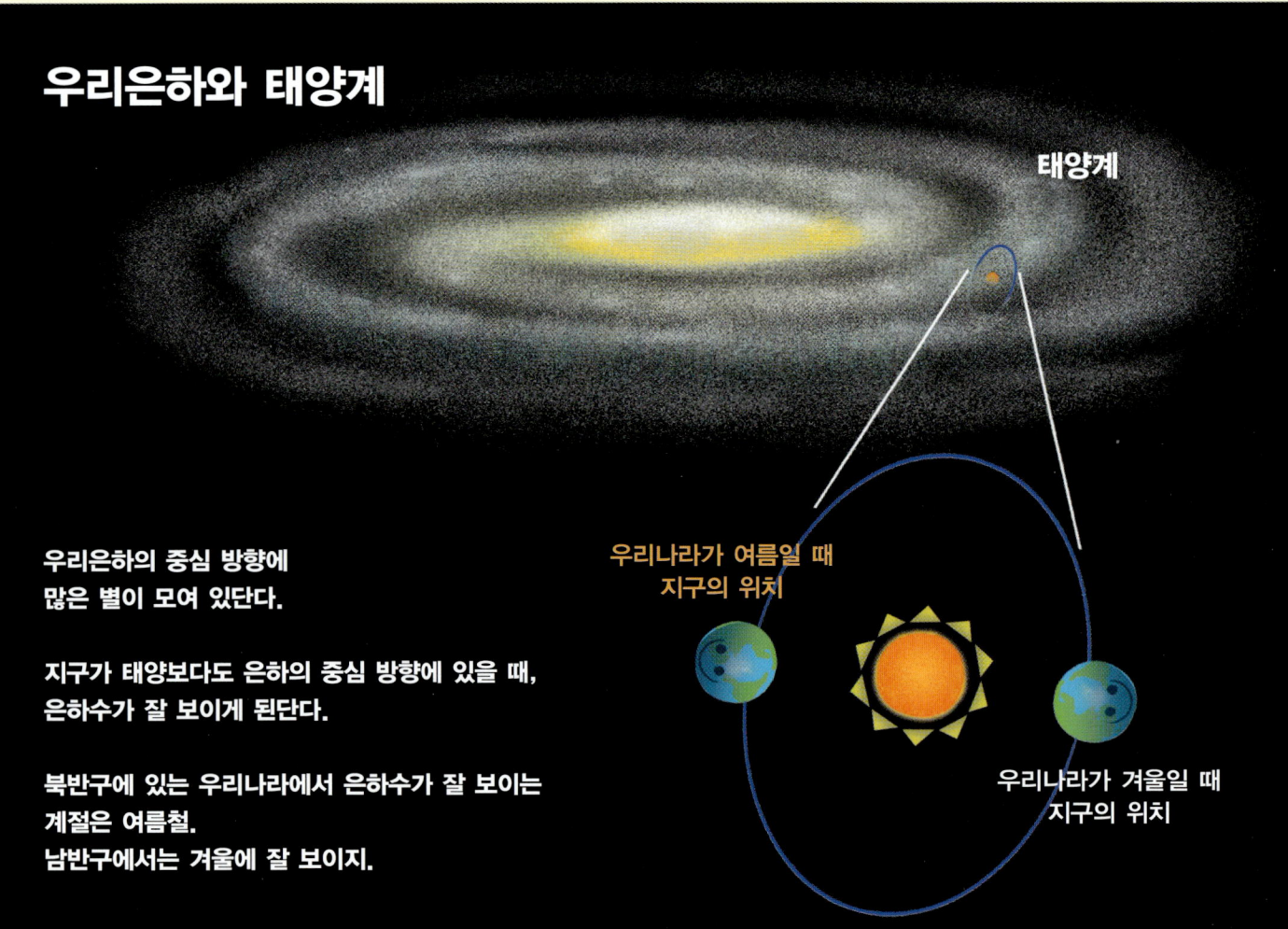

우리은하의 중심 방향에
많은 별이 모여 있단다.

지구가 태양보다도 은하의 중심 방향에 있을 때,
은하수가 잘 보이게 된단다.

북반구에 있는 우리나라에서 은하수가 잘 보이는
계절은 여름철.
남반구에서는 겨울에 잘 보이지.

북반구의 은하수

은하수가 보이기 시작하면 쌍안경으로 살펴봐.
수많은 별들이 모여 있는 걸 알 수 있어.

남반구의 은하수

북반구보다도
훨씬 멋있는 은하수를 볼 수 있어.
지구가 기울어져 있어,
북반구보다도 더 우리은하의
중심 방향으로 향해 있기 때문이란다.

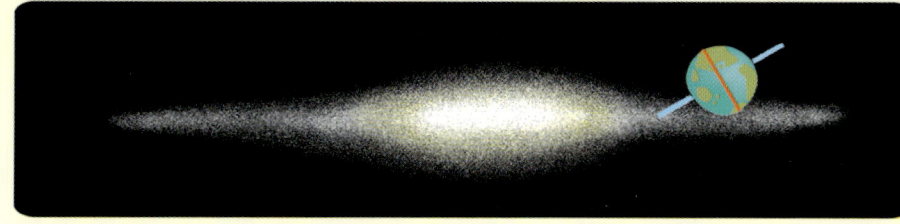

별의 일생

갓 태어난 별도 있고, 100억 살이 넘은 별도 있어.
엄청나게 오래 사는 별도 있고, 그렇지 못한 별도 있단다.

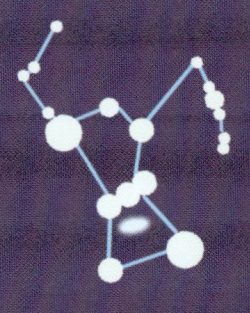

가스성운
우주공간을 떠다니는 가스와 먼지가
많이 모여 있는 곳이 있는데,
그곳에서 별이 태어난단다.

오리온자리에 있는
3개의 나란한 별 가까이에는
오리온대성운이 있어.
여기에도 아기별이 있단다.

태양 정도 또는
태양보다 가벼운 별

별리 죽는 때

태양보다 무거운 별

별 죽는 시기

나이를 먹게 되면,
점점 커다랗게 부풀어 오르고,
표면의 온도는 내려가게 된단다.

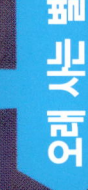

무게로 따져 보았을 때,
태양의 수명은 약 100억 년.
지금은 46억 살 정도란다.

가벼운 별은 천천히 타기 때문에 오래 산단다.

(M1 / 게성운)
별이 폭발했을 때의 모습이
옛사람들의 일기에도 그려져 있단다.
낮에도 보일 정도로 밝은 별이 갑자기 나타났으니까.
폭발하고 약 1,000년 지난 지금도
폭발한 후의 가스와 먼지가 계속 팽창하고 있어.
황소자리 방향에서 볼 수 있단다.

(블랙홀)
너무 무거워서
한번 들어가면 빛도 빠져 나오지
못할 정도로 빨아들이는 힘이 엄청난 곳.
우리은하의 중심부에도 있단다.

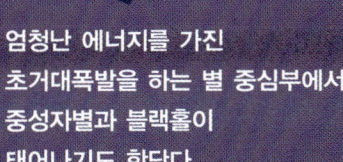

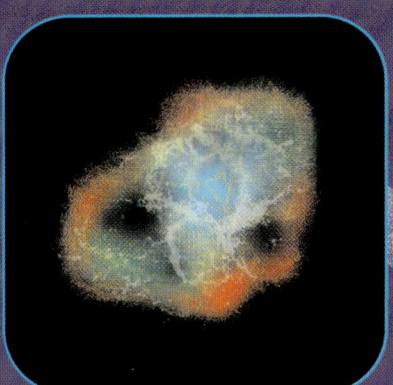

엄청난 에너지를 가진
초거대폭발을 하는 별 중심부에서
중성자별과 블랙홀이
태어나기도 한단다.

꾹꾹 눌려져 있는
무거운 별의 마지막에는
대폭발이 일어난단다.
그때에는 엄청난 양의
밝은 빛이 나가게 되지.
폭발할 때 튀어나간
많은 가스와 먼지가
다시금 우주 공간에
흩어진단다.

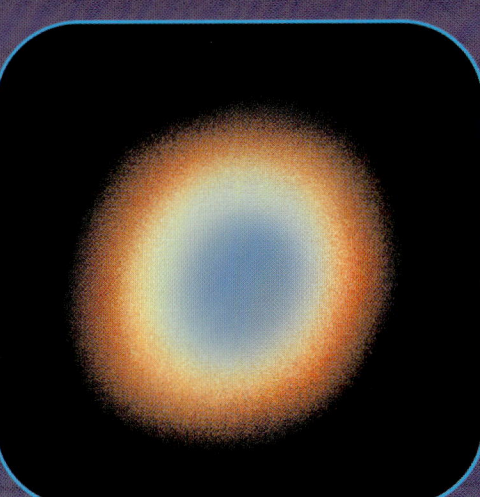

점점 크게 변한 붉은 별은
부풀어 오르거나 줄어들면서
밝기가 변하는 별이 돼.

마지막 에너지까지
다 써 버리고 나면,
빛을 잃은 어두운 작은 별만
남게 되지.

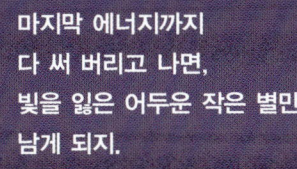

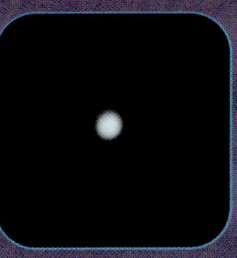

별을 바라보면 우주의 비밀을 알 수 있고,
또 지구에 대해서도 알게 된단다.
망원경이 발명된 것은 지금으로부터 약 400년 전의 일.
그 이후로 여러 가지 많은 것들을 알게 되었단다.
은하수는 별들이 모여 있는 곳이라는 걸
확실하게 알게 된 것도 망원경 덕분이었어.
지금도 커다란 망원경과 전파를 외계로 보내는 기계나
우주망원경을 이용하여 많은 의문들을 풀어가고 있단다.

가까운 미래에 우리 모두가 깜짝 놀랄 만한
엄청난 대발견이 있을지도 몰라.

우주의 신비를 만나는 즐거움

감수의 글

어린아이의 눈에는 자연계 가운데에서도 특히 밤하늘에 펼쳐진 천체야말로 신비로운 대상으로 비칠 것입니다. 아이와 함께 달과 별을 보면서 즐거워하다가, '왜요? 왜요?' 하는 질문을 받아본 적도 있을 거고요. 그럴 때 좀처럼 대답하기 어려운 경우도 꽤 있었을 것이고요.

천문학은 과학의 여러 분야 중에서도 특히 이해하기 어려운 분야라고들 합니다. 일상생활에서는 경험하기 어려운 장대한 3차원 공간이라는 개념부터 파악하는 게 필요하고, 별의 세계를 생각할 때는 빛의 속도가 유한하기 때문에 어쩔 수 없이 시간과 공간의 개념을 도입한 4차원 시공간이 되어 버리기 때문입니다. 그래서 초등학교에서 아이들을 가르칠 때는 기본적으로 천동설의 입장에서 천체의 움직임을 설명하는 것에 머무르는 정도입니다. 그러나 호기심 많은 어린이들이 그 정도로 만족할 턱이 없습니다.

〈나의 첫 별자리 책〉은 아이들이 보다 깊게 우주의 신비로움을 이해할 수 있게 구성되어 있습니다. 계절별로 별자리를 소개하면서 별의 움직임과 거리, 행성 등과 같은 태양계의 천체까지 소개하고 있습니다. 기본적으로 지동설의 입장에서 중학생 정도의 지식까지 포함하여 설명하기 때문에 낮은 연령의 아이에겐 다소 어려운 부분도 있을 수 있습니다. 그러나 오히려 부모님과 함께 읽으면서 생각해보는 즐거움도 생기겠지요.

이 책을 읽으면서 꼭 밤하늘의 별들을 보기 바랍니다. 그곳에는 지금까지와는 전혀 다른 밤하늘의 별들이 기다리고 있을 거예요.

와타나베 준이치

감수 | 와타나베 준이치
일본국립천문대천문정보센터 홍보실장이자 종합연구대학원대학의 천문과학 교수입니다. 혜성, 소행성, 유성 등 태양계를 연구했으며, 특히 혜성을 중심으로 태양계 구조의 진화를 연구하고 있습니다. 1991년에는 하와이대학 객원연구원으로 스바루망원경을 건설하는 작업을 담당했습니다. 국제천문연맹의 행성정의위원으로 활동하며, 왜행성이라는 새로운 분야를 만들어, 명왕성을 그 자리에 앉게 하였습니다. 지은 책으로는 〈새로운 태양계〉, 〈갈릴레오가 열어놓은 우주의 문〉, 〈밤하늘에서 시작하는 천문학 입문〉, 〈별의 지도〉 등 많은 책이 있습니다.

감수 | 사이토 노리오
일본우주항공연구개발기구 유인우주환경미션본부 우주환경이용센터에서 일하고 있습니다. 로켓, 인공위성, 국제우주정거장 개발에서 지구 관측에 이르는 폭넓은 일을 해온 경험을 바탕으로, 국제우주정거장의 일본 실험시설인 희망(Kibou)의 프로모션을 담당하고 있습니다. 또 어린이들의 우주를 향한 꿈을 키우기 위해 일본우주소년단에서도 활동하고 있습니다.

글 무라타 히로코
아트디렉터로 책과 광고, 다양한 제품의 기획과 제작 일을 하고 있습니다. 쓴 책으로 <나의 첫 우주 그림책>과 <처음 만나는 세계 지도 그림책> 등이 있습니다.

그림 테즈카 아케미
카나가와 현에서 태어나 요코하마에서 자랐습니다. 전문 그림작가로 일하며, 책이나 잡지의 삽화, 광고용 일러스트, 문구류 등에 그림을 그리고 있습니다. 그린 책으로 <나의 첫 우주 그림책> 등이 있습니다.

옮김 정현수
한국천문연구원 책임연구원입니다. 연세대학교 천문기상학과를 졸업한 후 도쿄대학 천문학과에서 전파천문학 석사 및 박사 학위를 받았습니다. 일본 국립천문대 노베야마우주전파관측소 연구원을 지냈으며, 전파망원경의 보호에 관심을 갖고 현재는 국제전기통신연합 과학 분야 부의장으로 활동하고 있습니다. 옮긴 책으로 <암흑우주>, <전파로 본 우주>, <성간물질>, <천체물리학의 기초 II>, <초신성 1987A와 별의 성장> 등이 있습니다.

나의 첫 별자리 책

초판 1쇄 발행 2012년 5월 22일 | 개정판 1쇄 발행 2020년 6월 10일 | 개정판 2쇄 발행 2022년 6월 10일
글 무라타 히로코 | 그림 테즈카 아케미 | 옮김 정현수
펴낸이 김경희 | 펴낸곳 도서출판 다산기획 | 등록 제1993-000103호 | 주소 (04038) 서울 마포구 양화로 100 임오빌딩 502호
전화 02-337-0764 | 전송 02-337-0765 | ISBN 978-89-7938-067-5 77440

*잘못 만들어진 책은 바꿔 드립니다.

어린이제품 안전특별법에 의한 기타표시사항
제품명 아동 도서 사용연령 8세 이상
주의사항 종이에 베이거나 긁히지 않도록 조심하세요. 책 모서리가 날카로우니 던지거나 떨어뜨리지 마세요.